U0006251

猜猜看，他們吃了什麼？

穴居人、古埃及人、太空人都吃什麼？
認識150種你可能吃過或意想不到的食物

瑞秋．列文 Rachel Levin⊙著
娜塔利亞．羅哈斯．卡斯卓 Natalia Rojas Castro⊙繪
張芷盈⊙翻譯

給昨晚吃了很多酪梨壽司的海瑟與歐倫——瑞秋．列文

給全世界我最愛的主廚瑪姬——娜塔利亞．羅哈斯．卡斯卓

猜猜看，他們吃了什麼？

穴居人、古埃及人、太空人都吃什麼？認識 150 種你可能吃過或意想不到的食物

Who Ate What?: A Historical Guessing Game for Food Lovers

作　　者　瑞秋．列文
繪　　者　娜塔利亞．羅哈斯．卡斯卓
譯　　者　張芷盈
美術設計　陳姿秀
行銷企劃　劉旂佑
行銷統籌　駱漢琦
業務發行　邱紹溢
營運顧問　郭其彬
童書顧問　張文婷
副總編輯　賴靜儀
出　　版　小漫遊文化／漫遊者文化事業股份有限公司
地　　址　台北市103大同區重慶北路二段88號2樓之6
電　　話　(02)2715-2022
傳　　真　(02)2715-2021
服務信箱　service@azothbooks.com
網路書店　www.azothbooks.com
臉　　書　www.facebook.com/azothbooks.read
發　　行　大雁出版基地
地　　址　新北市231新店區北新路三段207-3號5樓
電　　話　(02)8913-1005
傳　　真　(02)8913-1056
劃撥帳號　50022001
戶　　名　漫遊者文化事業股份有限公司
書店經銷　聯寶國際文化事業有限公司
電　　話　(02)2695-4083
傳　　真　(02)2695-4087
初版1刷　2024年1月
定　　價　499元

ISBN　978-626-97945-8-4

國家圖書館出版品預行編目 (CIP) 資料

猜猜看，他們吃了什麼？：穴居人、古埃及人、太空人都吃什麼？認識 150 種你可能吃過或意想不到的食物 / 瑞秋．列文 (Rachel Levin) 文 ; 娜塔利亞．羅哈斯．卡斯卓 (Natalia Rojas Castro) 圖 ; 張芷盈翻譯. -- 初版. -- 臺北市 : 小漫遊文化，漫遊者文化事業股份有限公司出版 ; 新北市 : 大雁出版基地發行，2024.01
48 面 ; 25.4 × 31.49　公分
譯自 : Who ate what? : a historical guessing game for food lovers
ISBN 978-626-97945-8-4(精裝)
1.CST: 飲食風俗 2.CST: 歷史 3.CST: 通俗作品
538.709　　112021464

漫遊，一種新的路上觀察學
www.azothbooks.com
漫遊者文化

大人的素養課，通往自由學習之路
www.ontheroad.today
遍路文化．線上課程

有什麼是你跟穴居人、古埃及人、
太空人一樣每天都會做的事？

答案就是「吃」！但你知道忍者吃什麼嗎？
海盜真的會吃皮革嗎？
不同的人吃什麼、背後的原因都跟他們的**背景**、
來自哪裡、身處的**時代**有關。

翻到下一頁，回到過去，
一起到世界各地看看以前的人都吃什麼吧！

※本書中的食譜都是為兒童所設計，但烹飪過程需全程由大人陪同進行。須由家長及照顧者選擇合適的食譜與食材，在其陪同下確保兒童的安全。

穴居人吃什麼？

歡迎來到石器時代！這是地球上最早出現的現代人類，當時又稱為舊石器時代，這些人類大約在至少二十萬年前演化出現。他們分布在全世界，也吃遍各地，他們生活及飲食的方式和現在的我們非常不一樣。那時沒有餐廳或超市。人類必須到處狩獵、採集食物。你覺得穴居人會吃哪些美味（以及沒有那麼美味）的食物呢？看看畫面中的食物，一起來猜猜看吧！

橡實
無花果
長毛象
野莓果
披薩
椰棗
石頭
薊籽
骨頭
羚羊
野生甘藍

穴居人
會吃橡實！

而且能拿到什麼食物就吃什麼！他們會在生活的地方就地採集、狩獵取得食物。包括堅果、種子，甚至是雜草。食物也會隨著時間而演變，當時的食物看起來跟現在也不太一樣。（想像一下跟馬鈴薯一樣大的花生！）而且，人類學會用火之後，就開始會用火烤各種肉類和魚。那甜點呢？那時候還沒有蛋糕和餅乾……猜猜那時的人都吃什麼？野生水果！我們從四萬年前的古人類遺骸中，就曾發現其牙縫中塞了一小塊的椰棗！

穴居人菜單上的食物

橡實

在野外撿到後火烤來吃。**試試看本書最後提供的食譜！**

蒲草

像吃玉米一樣直接啃，蒲草這種生長在濕地的高大植物吃起來脆脆的，有點甜。

野生甘藍

在史前時代的石器時代晚期，已經常常會吃蔬菜及多葉植物。

荸薺

這些吃起來爽脆又帶有微微甜味的蔬菜（不是堅果！）生長在水中。

薊籽

薊是一種生長快速的雜草，對忙碌的穴居人來說能提供很多營養。

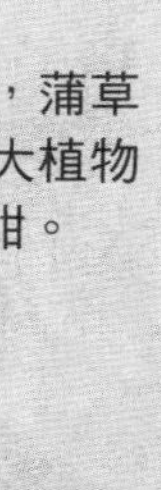

橄欖

小小的果實（沒錯，是果實！），直接從樹上摘下來吃非常苦。

椰棗

長在椰棗樹上有嚼勁的果實，是大自然的糖果！

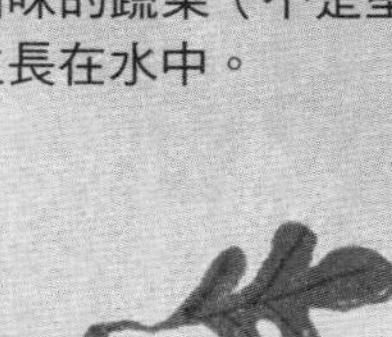

無花果

粉紅色軟軟甜甜的水果，果肉裡都是小小的種子。可能跟現代的無花果很像。

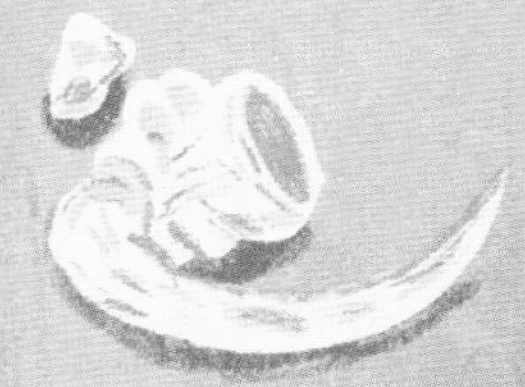

骨頭

穴居人會吸骨頭中黏稠的骨髓來吃。

野莓果

比你現在會吃到的還要小，但還是很美味的點心。

魚

用木矛叉魚，可能在開放的火源上煮熟。

羚羊和長毛象

目前發現某些最古老的洞穴畫中，畫中的人類會用弓箭捕獵這些動物。

不在穴居人菜單上的食物

披薩

起司、麵包、番茄醬這些食物當時都還不存在。當然也沒有披薩外送服務！

牛奶

早期人類沒有辦法消化動物奶，喝了反而會生病。

石頭

萬古之前，恐龍可能會吃石頭來幫助消化，但人類不會！

古埃及人都吃什麼？

建造那些龐大的金字塔一定需要很多精力！在超過三千年的文明歷史中，古埃及人會吃各式各樣的食物。我們知道他們在四千五百年前會吃的某些食物，因為在非常非常古老的墓穴裡，曾發現乾縮保存下來的肉類。他們常常會把蟾蜍肉或羊肉等肉類一起埋葬，因為當時的人相信人死了還是需要吃東西。一般人喜歡吃新鮮的水果，像是石榴，大麥一類的穀物則會用來做糕點、麵包和啤酒。你覺得法老（古埃及君主的尊稱）和其他埃及人都吃什麼？

啤酒
山羊
麵包
虎堅果
河馬
河鱸
刺蝟
老鼠
石榴

古埃及人會吃河馬！

還有很多其他的食物。尼羅河是世界上數一數二長的河流，貫穿埃及，河水滋潤了周邊土壤，適合種植作物。古埃及人會養各種不同的動物，有些不只拿來當食物吃，還有象徵上的意義。法老和其他富人能享用各種食物，從蜂蜜糕點到香料調味過的各種烤肉。他們也會坐在餐桌吃飯，通常會有僕人服務上菜。窮人則必須坐在鋪在地上的席子上。所有人都用手拿取食物吃，就連法老也一樣！

古埃及人菜單上的食物

河馬

獵捕河馬非常危險，象徵著勇氣和力量。

石榴

健康與繁榮的象徵，會用來釀酒。

蜂蜜

在當時屬於奢侈品。出土的埃及墳墓中曾發現三千年前埋藏的蜂蜜！

虎堅果

其實不是堅果，而是塊莖，磨成粉後用來做蛋糕。**試試看本書最後提供的食譜！**

麵包

將像是小麥等的穀物磨成粉後，做成不同的形狀、大小，再烘培而成。

啤酒

用大麥煮水能殺死細菌，同時還能釀出淡啤酒。

鯰魚

優勢支配的象徵，可以水煮或火烤來吃。

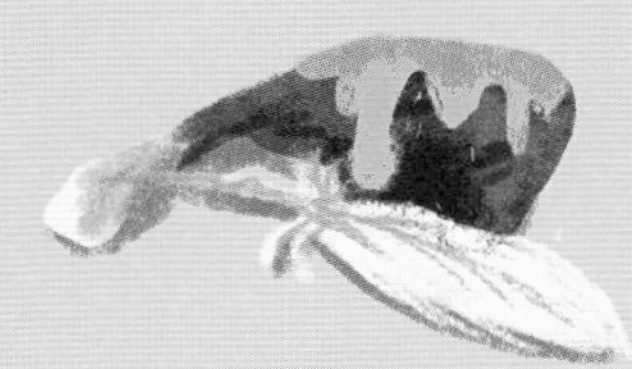

鵝

鵝肉和鵝肝會放在熱燙的炭火上烤熟。

鴿子

鑲料火烤後食用。在現今的埃及仍是一道美味佳餚。

鴕鳥

當一般肉類食用。鴕鳥巨大的蛋可能會清空當作碗盤使用。

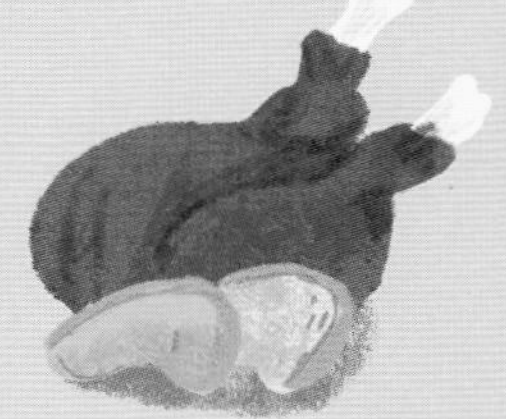

山羊

有錢的埃及人會享用蜂蜜烤羊肉等肉類料理。

刺蝟

包在泥土裡烤。泥土撥開後，刺蝟的刺也會一併脫落。

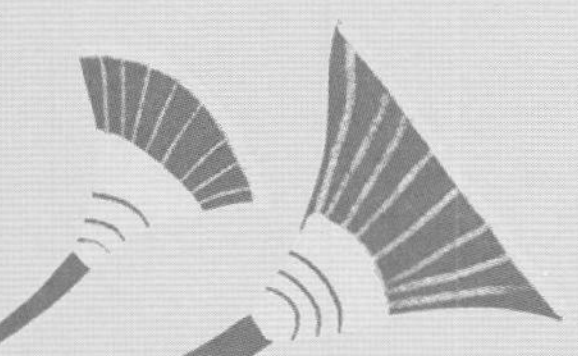

不在古埃及人菜單上的食物

河鱸

在某些地方，人們覺得這種魚太神聖了不能拿來吃，其他類似的生物包括水獺、鰻魚等。

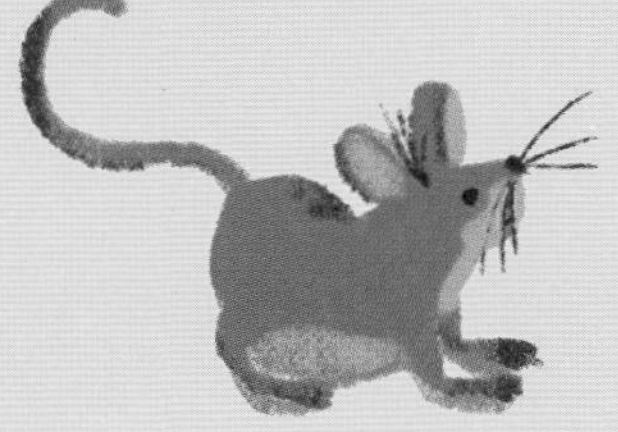

老鼠

不會當作食物，但當時的人認為把溫熱的死老鼠含在嘴裡可以治牙痛！

水

當時的人不喝水！尼羅河取得的水很髒，喝了會生病，所以大家都喝淡啤酒。

阿茲特克人
吃什麼？

我們真的要非常感謝阿茲特克人，他們創造出好多我們喜愛的食物！阿茲特克人是一群勤奮、有創意的務農民族，生活在13到16世紀的中部美洲，這個地區涵蓋了北美南部到中美洲絕大多數區域。作物種植在叫做奇南帕的特殊農耕地上，像是淺湖床上漂浮的菜園。猜猜阿茲特克人都種植什麼樣的作物呢？

狗
酪梨
濃郁起司的
墨西哥烤餅
豆子
番茄

阿茲特克人會吃仙人掌！

還有很多玉米，生活中幾乎很多食物都是用玉米做成的，包括粥、墨西哥薄餅、墨西哥粽。受歡迎的菜餚包括火烤綠鬣蜥、火蠑螈和犰狳！阿茲特克人會舉辦午夜的節慶盛宴，大家會把食物丟在地上，作為給神明的獻禮。阿茲特克人是率先發現巧克力的民族之一，還會製作一款用辣椒調味的熱巧克力飲，叫做「修柯拉圖」（xocoatl）。據說這款飲料非常好喝，好喝到有位叫做蒙特蘇馬（Moctezuma）的皇帝一天可以喝高達50杯！

阿茲特克人 菜單上的食物

梨果仙人掌

英文又稱為「prickly pear」（多刺的梨）。你看得出來為什麼嗎？阿茲特克人相信仙人掌可以治療許多疾病。

蚱蜢和螞蟻

這些脆口的蚱蜢吃起來帶有土味及堅果味。至於螞蟻呢，有些人說吃起來有檸檬的味道！

番茄

當時會種植紅色、綠色、金色不同品種的番茄。阿茲特克人可能是第一批吃番茄的民族。

玉米

幾乎什麼都會用到玉米！被視為羽蛇神*的禮物。

*是中美洲文明普遍信奉的神祇，形象常被描繪為一條長滿羽毛的蛇。

酪梨

來自西班牙的征服者把搗成糊狀的酪梨（酪梨醬）稱為「窮人的奶油」。

狗

小型犬比較可能會被養來吃，而不是當作寵物。

紅面番鴨

不只是食物而已！紅面番鴨的羽毛還會用來做成阿茲特克統治者的外套。

豆子

先浸在水中，接著放在水裡煮滾直到熟爛，通常會再調味，是每餐都會出現的食物。

爆米花

爆香的玉米粒不只可以拿來吃。還可以串起來做成項鍊，或用來點綴頭飾。

螺旋藻

藍綠色的湖藻經太陽曬乾後，做成吃了能讓精力充沛的塊狀蛋糕。

修柯拉圖XOCOATL（熱巧克力）

神之飲料。**試試看本書最後的食譜！**

綠鬣蜥

別名又叫做「樹雞」，沒錯，因為吃起來就像是雞肉！

不在阿茲特克人 菜單上的食物

牛肉（乳牛）

一直到15世紀晚期、16世紀初才引進美洲，當時阿茲特克帝國已經終結。

濃郁起司的墨西哥烤餅

沒有牛、綿羊、山羊就不會有起司，所以也不會有墨西哥烤餅！

糖

當時沒有糖，所以他們用天然的甜味劑，像是蜂蜜、肉桂、香草和水果。

維京人吃什麼？

維京人通常都被視為掠奪者，但他們其實也是貿易商、戰士、工匠和農夫。他們在8世紀到11世紀間居住在現今的斯堪地那維亞半島。後來，遷移到英國、格林蘭島、冰島，最遠甚至到了北美洲。我們不知道維京人確切吃了什麼樣的食物，但可以確定的是他們吃很多。很多不同的東西。但也不是什麼都吃……猜猜他們吃些什麼，又不吃什麼食物！

麵包
橘色的胡蘿蔔
燉肉
鯡魚
新鮮
起司
海水魚

維京人會吃鯡魚！

他們很少吃新鮮水果或蔬菜。因為居住地區的氣候太冷，維京人不是一整年都能種植作物，所以他們會在裝有乳清（乳汁中的液體成分）的桶子裡用鹽漬、煙燻或發酵的方式，延長食物的保存期限。這就是維京人版的冰箱。他們吃很多肉和稀粥。水煮是常見的烹飪方式，也會用巨大的平底鍋和大鐵鍋直接在火上燒烤食物。煮好的食物盛在木碗裡，湯匙是木製的，或甚至是用骨頭做成！維京人用尖銳的短刀狩獵和吃東西，用巨大的叉子從共用的碗中取出食物。

維京人菜單上的食物

鯡魚

維京人在冬天的時候，透過乾燥、煙燻、醃漬或鹽漬等方式保存魚類和其他食物。

粥

早餐吃的稀粥是用大麥和燕麥做成，有時候會再加點莓果。

冰島優格（SKYR）

一種用牛乳製成的濃稠優格，至今在世界各地仍可享用到。

莓果

酸酸的雲莓、越橘、和草莓。

新鮮起司

用山羊、綿羊、牛的乳汁自製而成。

熊肉（熊）

只有獵人中最英勇的菁英敢獵熊。

麋鹿和馴鹿

鹿肉富含蛋白質，維京人也會喝馴鹿的奶。

閹牛*

用來在農場拖拉農具，也會被殺來吃。

*已被閹割的公牛。

豬肉（豬）

在維京神話中，受到表揚的戰士會在瓦爾哈拉（維京天堂）吃豬肉。

燉肉

可能是用任何可取得的肉烹調而成。

菇

維京人吃很多森林裡的菇類，除了有毒的菇，其他都吃！

麵包

有各種各樣的形狀和大小——圓的、方的、扁的，甚至還有甜甜圈的形狀！

不在維京人菜單上的食物

橘色的胡蘿蔔

不是橘色的！在維京人的時代胡蘿蔔是白色和紫色的。

海水魚

雖然維京人很常在海上來去，但不會在海上釣魚。主要在河裡、溪裡捕魚。

桃子

當地環境太冷，種不出桃子。

中世紀君主吃什麼？

這是一個由城堡和國王、貴族與淑女、農奴和佃農組成的時代。歐洲的中世紀從西元6世紀一直橫跨至16世紀。君主和非常富有的有錢人會有廚師為他們做飯。農民則是自己煮飯，通常是吃甘藍及燉肉。對於貴族來說，用餐是一件大事。他們會吃各式各樣的食物，至少特殊場合會這麼做。你猜得到是哪些食物嗎？

鯨魚
派
鯡魚和鮭魚
天鵝
麵包
牡蠣
孔雀
豆子

中世紀君主吃羊肉！

還有很多其他的食物。對於中世紀的國王和王后而言，晚餐是一件大事。每晚的晚餐可能會上多達十道菜！現場會備有一碗碗用來洗手的水，因為他們會用尖銳的短刀切食物，再用手拿取食物吃。吃飯時，會搭配大量的啤酒、蘋果酒和葡萄酒。通常號角響起時就代表晚餐時間到了，還會有弄臣、表演雜耍的人和樂師在現場表演。餐桌禮儀很重要。手肘不能放在桌上、不能打嗝、不可以放屁，而且絕對不能挖鼻孔！

09 衣索比亞泰圖皇后吃什麼？（p.36-39）

Q1: 泰圖皇后為什麼要辦如此巨大的盛宴？

A 盛宴是為了促使國家團結。泰圖皇后用令人難忘的料理及盛大的宴會，震撼賓客和受統治的國家。

Q2: 泰圖皇后的盛宴持續多少天？

A 盛宴持續五天。

Q3: 泰圖皇后不吃哪些食物呢？請從第 36~37 頁的畫面找找看。

A 新鮮水果沙拉、豬肉、還有冰砂咖啡（請看背面圖示）。

Q4: 泰圖皇后最愛的菜餚是哪一道？

A 皇后最愛的菜餚是 Doro dabo（麵包夾雞肉）。

Q5: 泰圖皇后的盛宴沒有供應哪一種肉，為什麼？

A 豬肉。因為傳統衣索比亞所信奉的基督正教、伊斯蘭教和猶太教都禁止吃豬肉。

10 太空人吃什麼？（p.40-43）

Q1: 太空人的食物有什麼特色？

A 太空人的食物要有營養，且能保存數個月，吃的時候還不能讓食物飄走！

Q2: 太空人為什麼需要食物的味道更重？

A 太空的環境會讓味蕾變鈍，因此太空人的食物味道通常比地球上的食物更重。

Q3: 太空人不吃哪些食物呢？請從第 40~41 頁的畫面找找看。

A 洋芋片、汽水、還有糖粉甜甜圈（請看背面圖示）

Q4: 太空人為什麼不能吃洋芋片？

A 因為洋芋片容易產生屑屑，可能會飄進太空人的眼睛或儀器中，造成問題。

Q5: 太空人在太空船上要怎麼吃？

A 因為在太空中沒有地心引力，食物容易漂浮，太空人必須使用特殊設計的食物容器和餐具。例如管狀容器、罐頭或真空袋，使用有磁性可吸附在餐盤的湯匙。另外，有的食物經過冷凍或乾燥，需要加熱或加水後才能吃。

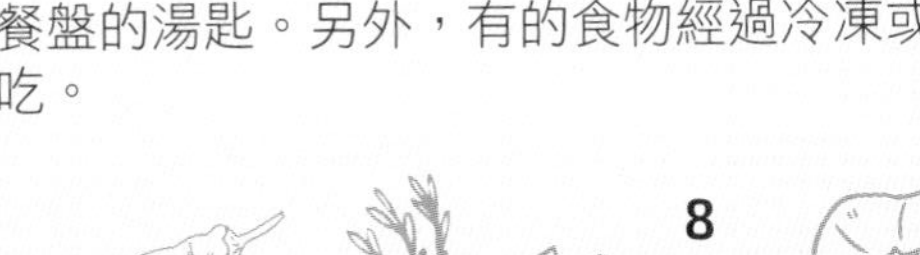

猜一猜，他們吃什麼？

知識互動遊戲手冊

這是一本超有趣的圖畫書！
讓我們一起來發現食物的冒險故事吧！
本書的每篇主題都有細節豐富的美麗插圖，
請仔細找找看，畫面中出現了哪些食物？
有沒有什麼食物是你不認識的？
或是什麼食物不應該出現在那個時代或那個環境中？
除了辨識食物種類外，畫面上的人們都在做什麼？
他們用什麼方法來取得食物？是打獵、採集，還是耕種？
食物都怎麼料理以及怎麼吃呢？

請利用以下每個單元的問答，
一起動動腦、找找看，可以依著問題，回到書中找答案，
也可以看完內容，再來回答這些問題。

第12~13頁：阿茲特克人不吃什麼？

第16~17頁：維京人不吃什麼？

第20~21頁：中世紀君主不吃什麼？

第24~25頁：忍者不吃什麼？

第4~5頁：穴居人不吃什麼？

第8~9頁：古埃及人不吃什麼？

猜一猜，他們不吃什麼？

05 中世紀君主吃什麼？（p.20-23）

Q1: 中世紀君主喜歡吃哪些肉類？
A 中世紀君主喜歡吃羊肉、野豬、鹿肉、鯨魚、鯡魚和鮭魚，甚至還有鸛、天鵝和孔雀！這些可是相當奢華的食材哦。

Q2: 中世紀的晚餐是怎樣的場合呢？
A 中世紀的晚餐是一個大事，可能會上多達十道菜！還會有弄臣、表演者和樂師現場表演。餐桌禮儀也相當重要，不能放肘、不能打嗝、更不能挖鼻孔哦！

Q3: 中世紀君主不吃哪些食物呢？請從第 20~21 頁的畫面找找看。
A 生胡蘿蔔、咖啡、還有動物奶（請看背面圖示）

Q4: 中世紀的麵包和現代的麵包有什麼不同？
A 中世紀的麵包都是傳統手工製作，比較深色、更扎實，有時候還會被當作盤子使用。現代的麵包可能使用機器和現代技術製作，可能有各種顏色，通常是當作主食或夾餡食用。

Q5: 中世紀的餐桌上有什麼飲料呢？
A 中世紀的餐桌上有大量的啤酒、蘋果酒和葡萄酒。這些都是君主們用來搭配各種豐富菜餚的飲品。

06 忍者吃什麼？（p.24-27）

Q1: 忍者隨身攜帶哪些點心？
A 解飢丸和止渴丸，像是我們現在會吃的能量棒和口袋大小的飯糰。

Q2: 忍者通常會吃哪些蛋白質食物？
A 忍者會吃蛇肉、蚱蜢、青蛙、鹹魚、豆腐，還有營養豐富的鵪鶉蛋。

Q3: 忍者不吃哪些食物呢？請從第 24~25 頁的畫面找找看。
A 紅肉、大蒜、還有綠茶冰淇淋（請看背面圖示）。

Q4: 忍者會用哪種食物作為暗號？
A 鹹魚會被當作暗號，代表「注意危險」。

Q5: 找找看，第 24~25 頁及第 26、27 頁共三個畫面各出現幾個忍者？
A 忍者是躲藏高手，藏在各角落，可能只有露出頭、手或衣角，第 24~25 頁總共有 19 個忍者，第 26 頁有 9 個忍者，第 27 頁則有 6 個忍者。

07 海盜吃什麼？（p.28-31）

Q1: 在 16 世紀的海盜船上，為什麼他們的食物會受到限制？
A 因為海盜船在海上航行好幾個月，沒有冰箱、菜園，也沒有市場，所以食物會受到限制。

Q2: 海盜在航海途中最先吃什麼食物？
A 海盜會先吃任何新鮮的食物，只要食物還沒壞。航程一開始，船上會裝新鮮食物。

Q3: 海盜不吃哪些食物呢？請從第 28~29 頁的畫面找找看。
A 鮮魚、巧克力金幣、還有人眼（請看背面圖示）。

Q4: 為什麼海盜會吃柳橙和檸檬？
A 海盜會吃柳橙和檸檬，以避免罹患壞血病，因為這些水果含有維他命 C。

Q5: 在海盜菜單中，哪一項食物可能成為最後的選擇？
A 壓縮餅乾，不妨試試看本書所附的食譜。據說壓縮餅乾也吃完的話，海盜為了活下去，連皮革都會吃下肚喔！

08 清朝皇帝吃什麼？（p.32-35）

Q1: 清朝皇帝一天吃幾次正餐？
A 皇帝一天吃兩次正餐，通常單獨在餐桌前進食，而午餐是一天中最豐盛的一餐。

Q2: 猜猜看，皇帝的午餐可能有多少道菜？
A 皇帝的午餐可能從 7 道菜一直到 100 道菜這麼多！

Q3: 清朝皇帝不吃哪些食物呢？請從第 32~33 頁的畫面找找看。
A 烏鴉、幸運籤餅、還有牛肉（請看背面圖示）。

Q4: 為什麼很多地方現在禁賣魚翅湯？
A 很多地方現在禁賣魚翅湯，是為了保護鯊魚。

Q5: 清朝皇帝認為吃什麼動物是一種罪過？
A 皇帝認為吃牛是一種罪過，因為中國有悠久的農業歷史，牛被用於犁田、運輸等工作，被視為勞動力的夥伴，超越了被食用的價值。

【寫給閱讀這本書的大朋友及小朋友】

為什麼要知道食物的歷史？哪些人吃了什麼？

1. 了解不同的美食故事

食物歷史就像是一本有趣的故事書，裡面有關於各種不同食物的冒險故事，讓我們知道它們是怎麼來的，為什麼變得這麼好吃。

2. 發現祖先吃什麼

有趣的食物事實，可以發現我們的祖先吃了什麼，他們是怎麼找到食物的，還可以學到好多關於人們生活的事情，讓孩子們大開眼界（相信大人也不知道）。

3. 知道食物和我們的身體有關

食物是我們成長的營養夥伴，了解它們的歷史，可以知道吃什麼對我們的身體最好，豐富味蕾和知識！

4. 保護地球和動植物

這是 80 億人口的星球，從過去看未來，需要好好思考吃什麼！讓我們一起保護地球，享受美味的同時也愛護家園！

5. 學會尊重不同文化

食物歷史告訴我們每個人的飲食習慣都不一樣，讓我們學會尊重和欣賞不同的文化，彼此更能理解。

了解食物歷史就像是打開了一個神奇的食物寶盒，裡面有無盡的驚奇和學習機會，讓我們一起珍惜食物也更愛護這個美好世界！

SDGs 在這裡！

本書的第 44-45 頁提到「未來飲食」的問題，與聯合國永續發展目標（SDGs）的理念相關，特別是與以下幾個目標密切相關：

目標 2 **消除飢餓**——提到未來數十億人需要餵養，呼籲保護地球並實踐更永續的飲食，符合解決全球飢餓的目標。

目標 12 **責任消費及生產**——提到吃多樣的海魚及昆蟲、吃多一點植物少一點肉類、發明新肉類，鼓勵多元化的飲食習慣，減少對有限資源的過度依賴，符合永續生產和消費。

目標 13 **氣候行動**——呼籲善待這塊土地，以保護地球，這關聯到減緩氣候變遷和保護生態系統的目標。

目標 14 **保育海洋生態**——強調不要過度捕撈，重視保育及永續利用海洋生態系，防止海洋環境劣化。

目標 15 **保育陸域生態**——強調善待土地，以確保地球能提供足夠的食物和水。

折一折、拉一拉，動手完成小手冊

這張 A2 大小的紙張可以變成小手冊喔！請按照以下步驟，動手完成這本四頁書（八格書）。

Step 1 將紙張直放，上下對摺。

Step 2 再上下對摺一次。

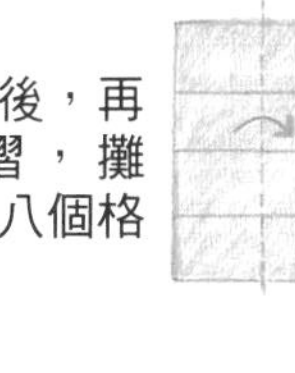

Step 3 紙張打開後，再左右對摺，攤開後出現八個格子。

Step 4 將紙張依第1步上下對摺，拿剪刀沿著中間虛線剪下一格。

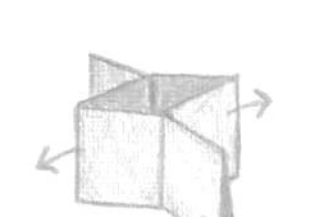

Step 5 拉住紙張切口處兩側，往左右兩邊下拉。

Step 6 將紙張立起來，整理摺痕。

Step 7 封面朝外，將書合起來，即完成。

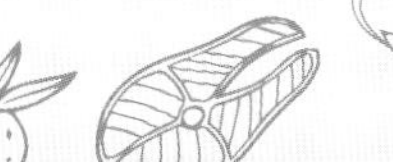

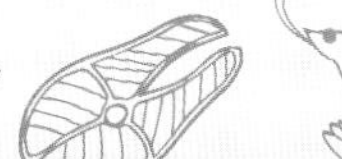
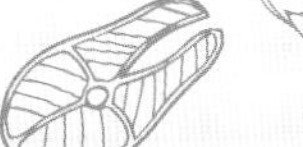
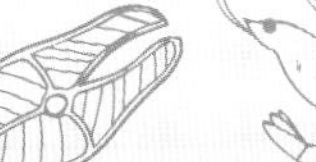

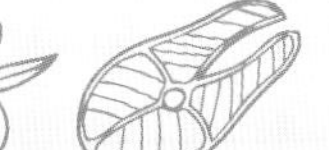

第36~37頁：衣索比亞泰圖皇后不吃什麼？

第40~41頁：太空人不吃什麼？

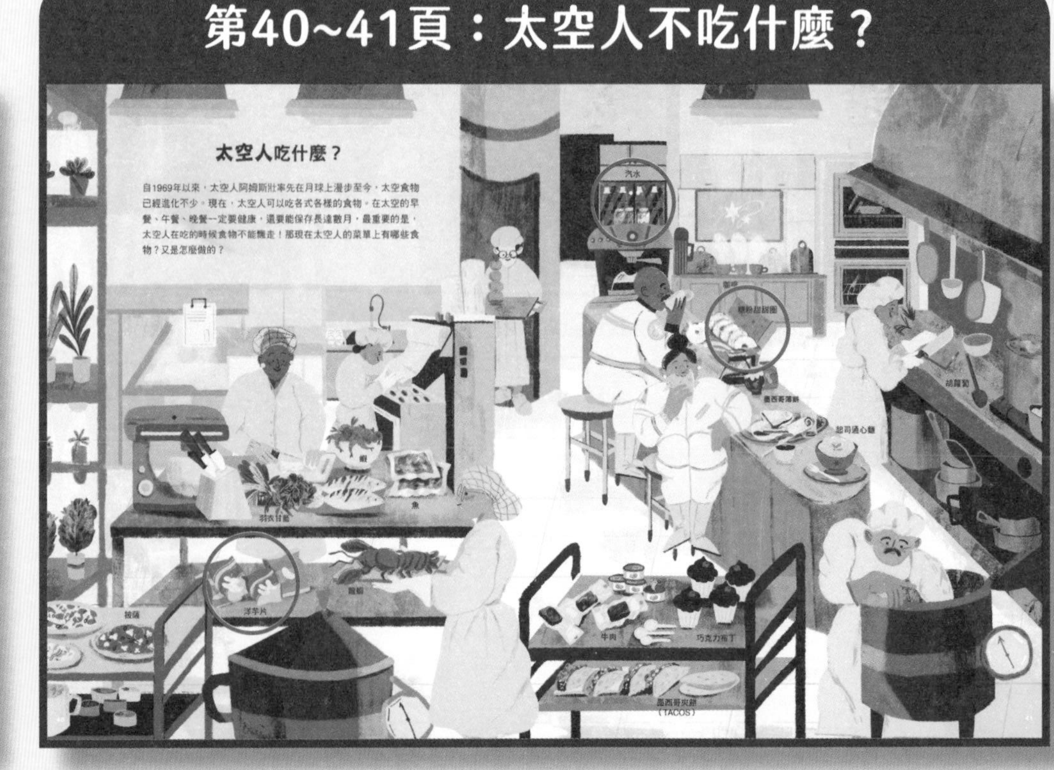

有沒有發現哪些食物有問題？
似乎不該出現在那個時代或那樣的環境中，
請用心在書上找找看喔！
紅圈標示處是「什麼食物不會出現在他們的菜單上」的答案。

第28~29頁：海盜不吃什麼？

第32~33頁：清朝皇帝不吃什麼？

01 穴居人吃什麼？（p.4-7）

Q1: 穴居人是怎樣找到食物的呢？
A 穴居人會在他們生活的地方四處找食物，像是採集堅果、種子，甚至是摘雜草。他們還學會使用火來烹飪肉類和魚。

Q2: 穴居人怎麼處理橡實呢？
A 穴居人會在野外找到橡實後，用火烤來吃。我們還可以在這本書提供的食譜中找到試試看的方法。

Q3: 穴居人不吃哪些食物呢？請從第 4~5 頁的畫面找找看。
A 披薩、牛奶、還有石頭（請看背面圖示）。

Q4: 穴居人可能使用什麼工具來捕獵動物呢？
A 穴居人可能會用木矛叉魚，也可能用弓箭來獵捕像羚羊和長毛象這樣的動物。

Q5: 穴居人的點心是什麼呢？
A 穴居人的點心主要來自野生水果，就像是椰棗、無花果和野莓果。這些水果提供天然的甜味，成為他們當時的美味點心。

02 古埃及人吃什麼？（p.8-11）

Q1: 法老和其他有錢人的餐桌上都會有什麼食物呢？
A 他們的餐桌上會有蜂蜜烤羊肉、河馬、石榴、鯰魚、鵝、鴿子等豐盛的料理。

Q2: 古埃及人的點心是哪些食物呢？
A 古埃及人的點心有以石榴釀酒、蜂蜜、虎堅果，還可以試試本書最後提供的蛋糕食譜。

Q3: 埃及人不吃哪些食物呢？請從第 8~9 頁的畫面找找看。
A 河鱸、老鼠、還有水（請看背面圖示）。

Q4: 古埃及人的餐桌禮儀有哪些特別之處呢？
A 古埃及人的餐桌禮儀相當獨特，法老和其他富人坐在高腳椅上，由僕人服務上菜。窮人則坐在地上的席子上，大家都用手拿取食物吃，包括法老也是喔！

Q5: 古埃及人為什麼不直接喝水呢？
A 古埃及人不直接喝水，因為尼羅河的水太髒了，可能會生病。所以他們選擇喝淡啤酒，這樣既能消毒水源，還能享受啤酒的美味。

03 阿茲特克人吃什麼？（p.12-15）

Q4: 阿茲特克人的餐桌上，哪一個食物最常出現，並做成不同料理？
A 玉米，是阿茲特克人的主要糧食之一，幾乎可以製作所有食物，包括粥、薄餅、粽子、爆米花等。

Q2: 為什麼仙人掌的英文又稱為「prickly pear」（多刺的梨）？
A 因為仙人掌果實的外表和形狀有點像西洋梨（pear），同時表面帶有刺（prickly 多刺的），因此得名。用以形容仙人掌果實的外觀特徵。

Q3: 阿茲特克人不吃哪些食物呢？請從第 12~13 頁的畫面找找看。
A 牛肉、濃郁起司的墨西哥烤餅、還有糖（請看背面圖示）。

Q4: 阿茲特克人的飲食中，有哪些在台灣不常見的特殊肉類？
A 綠鬣蜥、蚱蜢和螞蟻，還有狗，台灣早期有少數地區吃狗肉，但在 2017 年通過了《動物保護法》修正案，禁止食用狗肉及虐待狗隻。

Q5: 阿茲特克人的修柯拉圖是一種什麼飲料？
A 是一種辣椒調味的熱巧克力飲，被視為神之飲料。這種飲料非常受歡迎，甚至有皇帝一天可以喝高達 50 杯！

04 維京人吃什麼？（p.16-19）

Q1: 維京人的早餐都吃些什麼呢？
A 維京人的早餐通常是用大麥和燕麥做成的稀粥，有時候還會加入莓果。他們可不太吃新鮮水果或蔬菜哦！

Q2: 維京人怎麼保存食物呢？
A 因為居住地區的氣候寒冷，維京人會用鹽漬、煙燻或發酵的方式保存食物，就像他們的冰箱一樣。

Q3: 維京人不吃哪些食物呢？請從第 16~17 頁的畫面找找看。
A 橘色的胡蘿蔔、海水魚、還有桃子（請看背面圖示）。

Q4: 維京人的餐具有什麼特別之處？
A 維京人用尖銳的短刀狩獵和吃東西，而湯匙是用木頭製成的，有時甚至用骨頭做成。他們會用大鐵鍋和平底鍋直接在火上燒烤食物。

Q5: 維京人的菜單上，有哪樣食物是維京人版的「冰淇淋」呢？
A 維京人有一款叫做冰島優格的濃稠優格，相當特別。

中世紀君主菜單上的食物

羊肉（綿羊）

有錢人很喜歡的食物！他們會把整隻羊串起架在火上烤。

野豬

在國王私人擁有的森林裡獵捕，野豬肉被視為是戰利品。

麵包

比現在的麵包顏色來得深，也更扎實，有時候還會當作盤子用！

鹿肉（鹿）

獵到鹿肉的瘦肉部分會放進非常大的鍋子裡煮熟。

鯨魚

被視為「貴族的魚」，從魚肉、鯨脂，甚至舌頭都會吃。

豆子

用新鮮的豆子煮，不是用冷凍豆子！豆子是中世紀時代相當受歡迎的蔬菜。

天鵝和孔雀

保留羽毛整隻一起烤，在餐桌上是令人印象深刻的一道主菜。

鯡魚和鮭魚

大家會吃新鮮的魚，根據季節不同會鹽漬或煙燻加工處理。

葡萄

在整個南歐地區，葡萄會釀製成葡萄酒。

牡蠣

對於住在海岸附近的人來說，這是一道帶鹹味多肉的佳餚。

鵝

任何有翅膀的食物都很受歡迎。

派

羊肉派、豬肉派、梅乾和巴西里（香芹）派……大家喜歡各式各樣的派！

不在中世紀君主菜單上的食物

生胡蘿蔔

當時認為生食會生病，所以像是胡蘿蔔等蔬菜會裹上麵糊炸來吃（稱作fried skirwittes）。

咖啡

咖啡和茶當時都還沒傳入歐洲，所以都是喝啤酒或蘋果酒。

動物奶

有時候會給小孩喝，但動物奶保鮮期很短。平民會喝蘋果酒和梨子酒。

忍者吃什麼？

忍者短小精悍！又被稱為shinobi（日文的說法），這些日本間諜最早可能在12世紀就出現了。他們能攀岩走壁，盪過繩索，從屋椽垂吊而下。忍者的行蹤鬼祟，總是到處奔波，所以他們的食物必須能幫助維持體力，又易於攜帶。猜猜忍者通常會隨身攜帶哪些點心呢？

豆腐
山藥
解飢丸
鵪鶉蛋
黑芝麻
蚱蜢

忍者會吃蛇肉！

還有味道不重的食物，如果忍者身上的味道太重，將必死無疑！畢竟，忍者的工作就是要監視敵人。他們總是在四處奔波，隨身攜帶的袋子裡會有用胡蘿蔔和甘草根做成的「解飢丸」。這些食物能幫助忍者維持好體力，有點像是我們現在會吃的能量棒。他們也會帶著用梅子泥和其他很棒的食材做成的「止渴丸」。止渴丸就像是可以吃的水壺一樣！有些食物會作為忍者間的暗號，像是鹹魚就代表要「注意危險」。

忍者菜單上的食物

蛇

有些忍者似乎會抓蛇並吃蛇肉。就把蛇肉想像成間諜的義大利麵！

蚱蜢

一口大小又營養的點心，可以像爆米花一樣一把塞進口中。

青蛙

這些活跳跳的兩棲動物到處都是又很營養。

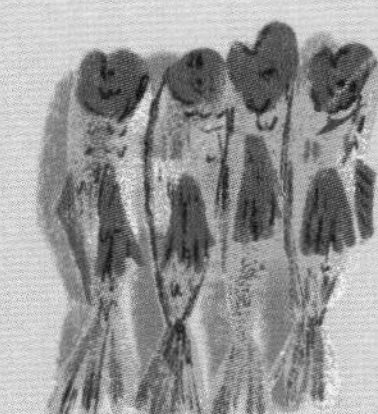

鹹魚

方便又營養的點心。被認為是用來傳遞祕密訊息的工具。

豆腐

健康，吃起來和聞起來都沒有太重的味道，對忍者來說是完美的食物。

松子

當時認為種子能幫助忍者的五感保持在年輕又敏銳的狀態。

鵪鶉蛋

忍者認為吃這些蛋能幫助他們躲藏。

黑芝麻

當時認為黑色的食物能幫助忍者身體保暖並維持活力。

米飯

通常會混入米酒或熱水，讓忍者們在冬天還能保暖。

止渴丸

用梅子醬、黑麥角菌和糖做成。

山藥

包在解飢丸裡，充滿澱粉提供的能量來源。

解飢丸

口袋大小又營養的飯糰，執行祕密任務時最適合了。

不在忍者菜單上的食物

紅肉

當時的人認為紅肉會讓感官變得遲鈍。忍者必須要維持敏銳的狀態！

大蒜

味道太太太重了！如果忍者吃了大蒜，一呼吸就會被發現了！

綠茶冰淇淋

那時還沒有冰淇淋。（你可以想像一個沒有冰淇淋的世界嗎！?）

海盜吃什麼？

早在16世紀，當時的海盜船會一次在海上航行好幾個月，放眼望去不見陸地——除了偶爾會看到的荒島除外。從加勒比海，一直到大西洋和印度海，各地的海盜都是探險家和冒險者，有時還是叛軍和掠奪者。在海上沒有冰箱、菜園，也沒有市場，海盜到底能吃什麼呢？

牛
起司
犰狳
皮革斜肩包
蛋
雞
蘭姆酒
紅鶴
柳橙和檸檬
人眼

海盜會吃蛋！

而且會先吃任何新鮮的食物，只要食物還沒壞。航程一開始，船上會裝新鮮食物。但隨著幾個月過去，大家只能剩什麼吃什麼。當然能吃的不多，或者也不太好吃。沒多久，食物就會被吃完或壞掉——只剩下一種叫做壓縮餅乾的硬餅乾。船上有很多很多吃起來已經不新鮮也不好吃，還會咬到牙齒碎裂的壓縮餅乾……

海盜菜單上的食物

蛋

只要雞還沒有被吃掉……

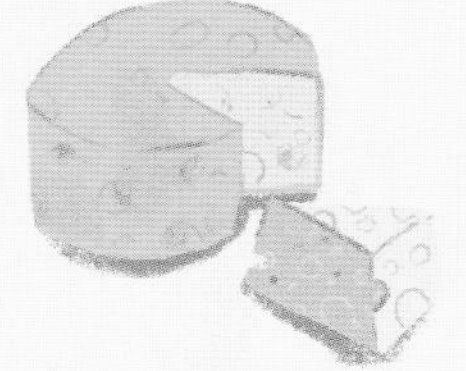

起司

吃當地產的硬起司是個享受，直到被吃完前……

奶油

裝在桶子裡，用來烹煮及調味。

雞

不下蛋的雞就會變成晚餐！

紅鶴

有名的海盜威廉．丹皮爾（William Dampier）就曾在其日誌中寫到紅鶴的「肉質非常好」。

牛肉（牛）

乾燥且鹽漬過的牛肉裝在桶子裡。牛肉很韌，有些人還會切下來做成皮帶用！

犰狳

丹皮爾也曾寫道，犰狳「吃起來很像陸龜」。

蝗蟲

「非常濕潤，用牙齒咬，牠們的頭會喀滋喀滋地響，」丹皮爾補充道。

壓縮餅乾

用煮過的麵粉、鹽、水做成扎實的塊狀餅乾。

試試看本書最後的食譜！

蘭姆酒

裝在桶子裡的糖蜜最後會變綠且變得濃稠，所以在海上度過幾週後，海盜就只能喝蘭姆酒了。

柳橙和檸檬

海盜會吃這些水果，避免罹患一種叫壞血病的疾病，這種病是因為缺乏維他命C所造成。

皮革斜肩包

曾有一艘船擱淺，船上的食物都吃光了，最後海盜就把皮革包撕碎煎來吃！

不在海盜菜單上的食物

鮮魚

海盜其實沒有吃那麼多魚——船必須一直移動，而釣魚很花時間。

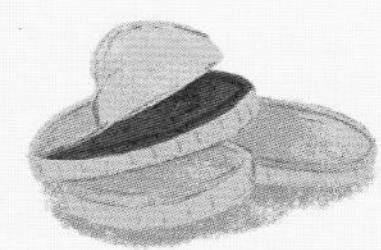

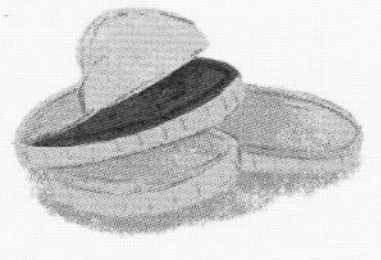

巧克力金幣

對於飢餓的海盜來說，巧克力金幣可能比真的金子還值錢，但當時還沒出現牛奶巧克力。

人眼

有些人說海盜會戴一片眼罩來幫助眼睛更容易適應黑暗的環境，不是因為他們少了一隻眼睛。

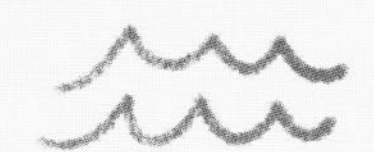

清朝皇帝吃什麼？

對於清朝（西元1644-1912年）的皇帝而言，飲食的目的是用來維持並改善健康，而且真的有用！乾隆皇帝高壽87歲，在18世紀真的是件很了不起的事，當時一般人通常活到五十幾或六十幾歲。畫面中有哪些食物感覺夠營養，有資格成為皇帝的日常飲食呢？

牛
鯊魚
豆腐
鳥巢
包子
鹿
茶
烏鴉
幸運
籤餅

清朝皇帝會吃紫米！

還有許多其他珍饈佳餚。皇帝一天吃兩次正餐——通常單獨在餐桌前進食。也會吃點心！皇帝可能最早四點就開始吃東西。午餐是一天中最豐盛的一餐，那是專屬皇帝一人的盛宴——可能從7道菜一直到100道菜這麼多！通常每道菜都會由一名太監先嚐一口，確認菜餚沒有被下毒。皇帝的飲食講究五味調和：酸、甜、苦、辣、鹹。

清朝皇帝菜單上的食物

紫米

這種營養的米也被視為是禁忌之米，因為只有富裕人家能吃。

燕窩（鳥巢）

用燕子的唾液做成的巢！搭配薑和高湯熬煮而成。

魚翅湯

曾經是富貴人家喜愛的一道湯品，現在很多地方為了保護鯊魚都禁賣魚翅湯。

豬腳

搭配其他七道佳餚一起上菜：燕窩、鴨肉、煙燻肉、高麗菜、雞翅、豬肚、菇類。

桃子

塞入烤鴨肉當內餡。

菠菜

和小蝦米一起快炒或燉煮。

豆腐

豆漿凝固後壓至成塊，搭配菇類上菜。

鴨

搭配酒和白花椰菜一起燉煮。

鹿肉

就連皇帝吃的鹿都是用狩獵取得的，會用烤的或蒸的方式烹調。

山梨和柑橘

皇帝的膳食中會有新鮮和乾燥的水果。

茶

清朝皇帝每天都用精美的瓷器喝茶，通常和朋友一起飲用。

包子

包有各式各樣的內餡，從南瓜、羊肉到山藥都有。

不在清朝皇帝菜單上的食物

烏鴉

帝王認為烏鴉是神聖的動物，所以人們不會撲殺，反而會餵食並保護這些鳥。

幸運籤餅

據傳幸運籤餅源自日本。在美國，這些籤餅因為中國餐館而開始受到歡迎。

牛肉（牛）

皇帝認為吃牛是種罪過，因為牛是「用來拉重物的」。

衣索比亞泰圖皇后吃什麼？

1887年，衣索比亞皇帝孟尼利克的妻子泰圖皇后在皇宮舉辦了長達五天的盛宴，皇宮的位置正好俯瞰著新首都阿迪斯阿貝巴。她深知食物與政治的關係，也了解一場盛宴能讓幫助衣索比亞這樣剛崛起國家的人民團結起來。因此數以千計的衣索比亞人民都前來赴宴。皇后為大家準備了哪些菜色呢？

牛
閹牛
羊
香料
蜂蜜酒
薑
蛋
小扁豆
寬葉羽衣甘藍
新鮮水果沙拉
雞
冰沙咖啡(星冰樂)

泰圖皇后會吃因傑拉餅！

很多人也吃了因傑拉餅，泰圖皇后的盛宴辦在一個巨大的棚子下，準備了來自當地不同文化的各種菜餚。來自教會的人士、僕人、貴族、一般的平民等都坐在長長的木桌前享用——不過不是同時一起用餐。每天早上九點，皇宮守衛會先用餐，才能管控接下來推擠著爭相前來用餐的民眾。晚上，帳篷會用蠟燭和火炬點亮。泰圖皇后的派對為現代衣索比亞料理開啟了先河。

泰圖皇后菜單上的食物

因傑拉餅（INJERA）

因傑拉餅是用一種叫做苔麩的細小穀物做成，這種鬆軟可口的薄餅被裝在500個麵包籃裡盛給賓客享用。

蜂蜜酒

大約會喝上45罐這種甜酒，也會用牛角杯喝大麥酒。

香料

衣索比亞綜合香料、肉桂、辣椒、鹽巴和其他香料都會用來調味食物。

雞肉（雞）

Doro dabo這道麵包夾雞肉的菜餚，深受泰圖皇后喜愛。

小扁豆

衣索比亞燉豆子（Misir wot）是一道辣味燉扁豆料理，會搭配因傑拉餅一起吃。

牛肉（牛）

衣索比亞燉牛肉（Kai wot）這道菜會加入衣索比亞綜合香料一起燉。

奶油

放在泥罐裡保鮮。

閹牛

可以煮成營養又豐盛的燉牛肉。

薑

做Emmes這道菜餚會用到的食材，這道菜的做法是用香料和奶油將肉炒香。

寬葉羽衣甘藍

熱騰騰又健康的深色綠葉蔬菜！

燉雞肉加蛋

燉雞肉配上雞蛋，搭配緋紅色的奶油胡椒醬。

羊肉（羊）

羊肉排搭配薑黃調味的高湯，煮成很營養的一道菜。

不在泰圖皇后菜單上的食物

新鮮水果沙拉

除了香蕉和檸檬之外，衣索比亞的高地上無法種植其他水果。

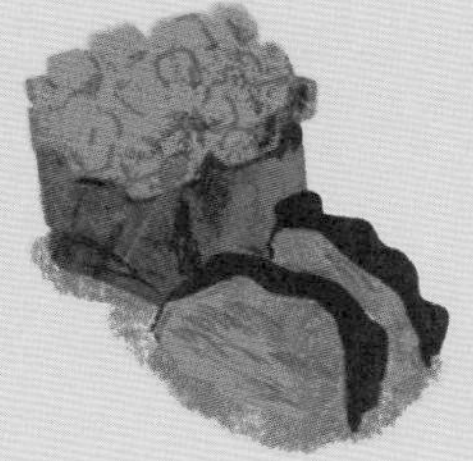

豬肉（豬）

通常因為宗教因素不會吃豬肉。

冰沙咖啡（星冰樂）

在19世紀沒有受歡迎且昂貴的全球咖啡連鎖店，但已經有黑咖啡了！

太空人吃什麼？

自1969年以來，太空人阿姆斯壯率先在月球上漫步至今，太空食物已經進化不少。現在，太空人可以吃各式各樣的食物。在太空的早餐、午餐、晚餐一定要健康，還要能保存長達數月，最重要的是，太空人在吃的時候食物不能飄走！那現在太空人的菜單上有哪些食物？又是怎麼做的？

汽水
咖啡
糖粉甜甜圈
墨西哥薄餅
起司通心麵
胡蘿蔔
牛肉
巧克力布丁
墨西哥夾餅
（TACOS）

太空人
會吃起司通心麵！

還有很多其他你可能也會吃的美食。早期太空旅行，太空人會吃從管狀容器擠出來的蘋果醬和牛肉泥，就像是擠牙膏一樣！現在的食物更好吃。菜單可能還是由法國主廚所設計。大部分的食物都是裝在空氣被抽出的真空袋中。有些現成可吃；其他則需要再加水或加熱。太空人會用加長版的湯匙去挖袋子底部的食物。湯匙有磁力，會吸附在餐盤上。太空的環境會讓味蕾變鈍，所以食物的味道一定要更重。如果你在地球上吃太空食物，味道會太鹹！

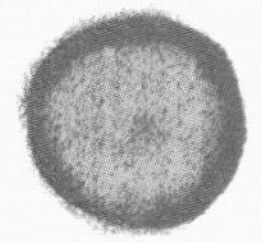

太空人菜單上的食物

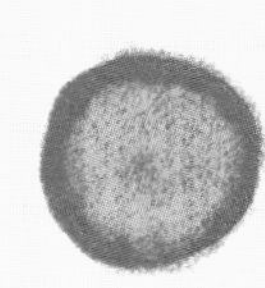

起司通心麵

搭配起司醬的義大利麵。像在家裡吃的一樣，只是經過冷凍乾燥（再加熱水即可食用）。

胡蘿蔔塔

烤胡蘿蔔，再加上紅甜椒粉更提味。

羽衣甘藍沙拉

一直到近期，太空任務才開始出現蔬菜。蔬菜會泡在熱水中，保持脆度。

牛肉

罐頭牛肉搭配夠濃稠的蘑菇醬才不會飄走。

鮮蝦雞尾酒盅

煮熟的冷蝦放在袋中，搭配辣味粉紅醬汁。

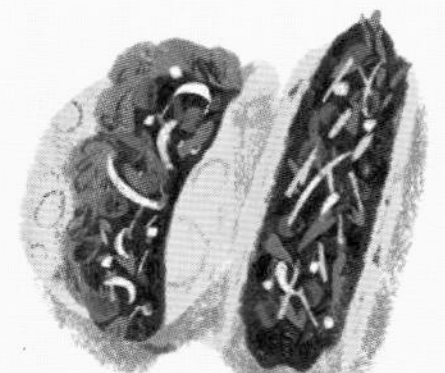

墨西哥夾餅（TACOS）

搭配從太空站收成的第一批新鮮辣椒！

龍蝦

要比在地球上煮得更久、更熱，然後搭配檸檬醬汁食用。

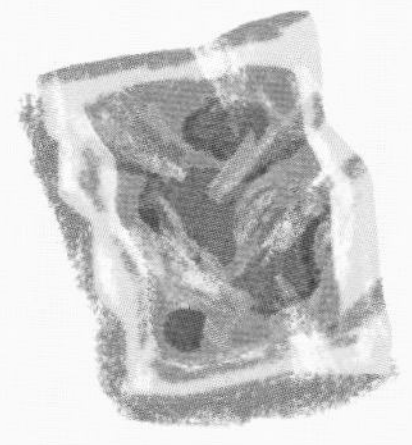

印度魚咖哩

再加水之後，綜合咖哩香料能為菜餚增添風味。

披薩

太空沒有外送服務，所以太空人會辦披薩DIY派對。

咖啡

磨成粉後裝入有吸管的袋子裡飲用。

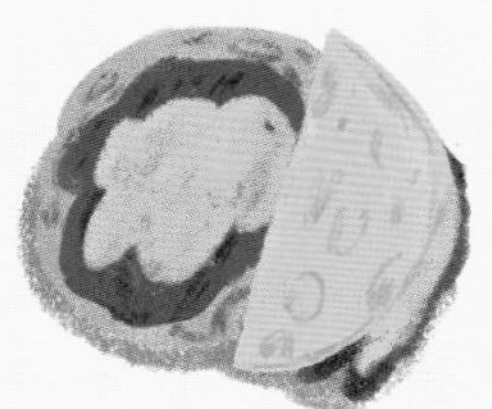

墨西哥薄餅

像是花生醬和蜂蜜這類有點黏稠的食材最好。而且吃薄餅不會掉麵包屑！

巧克力布丁

不用冷凍乾燥，直接從袋子中擠到湯匙上，就不會灑出來了。

不在太空人菜單上的食物

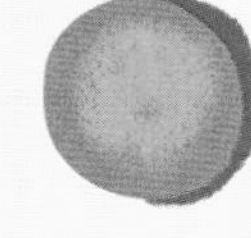

洋芋片

會掉太多屑屑！可能會飄進眼睛或儀器中，釀成問題。

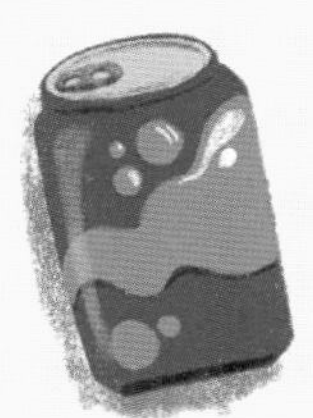

汽水

如果在外太空中喝汽水，飲料中的氣泡會讓太空人的腸胃不舒服。

糖粉甜甜圈

不會吃糖粉甜甜圈。因為會弄得太髒亂！裹糖霜的甜甜圈還比較有可能……

未來的我們
要吃什麼呢？

我們無法知道未來二十年我們會吃什麼，更不用說未來兩百年，但我們可以猜看看。我們生存的星球真的很棒，如果我們善待這塊土地，將能獲得生存所需的所有食物和水。重點是：這個星球上有將近80億的人口。未來還會有數以百萬計、甚至幾十億的人口要餵養。我們可以做哪些事來保護地球，並實踐更永續的飲食呢？

吃各式各樣的海魚

世界各地很多人都喜歡吃魚。但我們吃的很多都是一樣的魚（像是鮭魚和鮪魚），會導致過度捕撈。「藍色食物」是未來的趨勢，但人類需要拓展嘗試不同海鮮的味蕾。熱量低、富含蛋白質、繁殖快速的水母是大海中最永續的水產之一。你知道海洋中還有什麼是可食用又美味的食物嗎？答案是海草！

吃昆蟲

蟋蟀、毛毛蟲、蚱蜢，甚至是蚯蚓都可以當作食物，世界上很多地方本來就會吃昆蟲。昆蟲富含維他命，而且到處都能找到，對你我和環境都非常有利。未來有一天，我們可能會吃螞蟻穀片、蟑螂奶、蠶寶寶冰淇淋，甚至是蟋蟀洋芋片！

吃多一點植物、少一點肉類

大型畜牧農場會助長氣候變遷惡化。牛會打嗝！還會排放溫室氣體，導致全球暖化進一步惡化。盡量多吃植物，少吃肉類，對地球越好！阿茲特克人知道植物的力量：他們因為健康和營養的因素，吃很多梨果仙人掌，直到現在還是會加在沙拉及墨西哥夾餅裡吃。世界上有數百種可食用的仙人掌，這些仙人掌種植所需的水都比養牛還要少！

發明新肉類

素肉很受歡迎。很快地，像是雞塊、魚柳條、牛排等等的肉類和魚都會從實驗室產出。科學家非常努力在實驗室裡培養從動物細胞生產出的肉類。你知道實驗室生產出來的雞塊長什麼樣子，吃起來又是什麼味道嗎？其實就像一般的雞塊一樣！

我們可能無法回到過去，但我們可以試試看……
吃吃以前那些美味（或不太美味的）點心。

吃得像是個穴居人

你還記得這本書一開始提過，早期人類喜歡吃的一個小東西嗎？橡實！不過不要吃生的，請大人幫忙你烤橡實。

烤橡實

食材
你想吃多少橡實就準備多少
加鹽調味（就算穴居人以前無法也沒關係！）

你可以買一大包，但是跟以前的穴居人一樣自己採集更有趣*。橡實是從橡樹掉下來的。找找看咖啡色表面平滑的橡實，找那些橡實蓋還在的。只採新鮮剛落下的橡實。去殼並去掉橡實蓋。將橡實放在一個堅硬的平面上，用桿麵棍將橡實壓碎。浸在溫水中幾個小時，再清洗乾淨。將去殼的橡實用水煮滾，煮到水變成深褐色。瀝乾水分。再煮一次，煮到水還是保持清澈的狀態。瀝水，晾乾。將烤箱預熱至160℃（風扇模式）。將橡實鋪在烘焙紙上烤一個小時，過程中不時翻攪。烤到橡實變成咖啡色，聞起來有類似烤堅果的味道。灑鹽後就可以吃了！

*在台灣的花市可以買到，或是到森林區去撿橡實。

吃得像是個古代埃及人

古埃及人留下來防腐處理過的食物，研究食物的歷史學家因此有辦法知道古埃及人都吃些什麼，並找到以下這份甜點的食譜。

蜂蜜虎堅果蛋糕

食材：
虎堅果粉190克
全麥麵粉170克
全脂牛奶80毫升
蛋2顆
融化的奶油3湯匙，再多一點用來煎炒
蜂蜜120毫升

將食材混合，揉成麵糰。在薄薄灑了一層麵粉的桌面上，將麵糰桿成1.5公分厚的長方形。切成四塊正方形，接著斜對角將正方形切半，變成小三角形。將兩湯匙的奶油放入煎鍋中，開中火讓奶油融化。將三角形麵糰放進鍋中，盡量放滿鍋面，然後煎2分鐘。接著翻面，鍋中淋上蜂蜜，另一面也煎2分鐘。繼續重複同樣步驟，煎好後趁熱享用。

請一個大人跟你一起煮煮看、烤烤看。

吃得像是個海盜

壓縮餅乾的英文是hardtack，一如其名——真的很硬。這個餅乾的製作方式很簡單，是海盜在海上最常吃的點心。將餅乾塗上花生醬或果醬，或像是海盜一樣直接吃。

壓縮餅乾

食材：
麵粉270克
鹽半湯匙
水120-175毫升

烤箱預熱至120℃（風扇模式）。將麵粉和鹽放入碗中混合。加水後用手攪拌，拌到麵糰成形。在桌面上桿開，桿到1公分的厚度。用刀子將麵糰切成小塊正方形。放到烘培紙上，用筷子在每塊正方形上平均戳出16個洞。烤至少4小時，烤到一半的時候翻面繼續烤。在乾燥的室內，將烤好的餅乾放在烤架上放涼。

喝得像是個阿茲特克人

阿茲特克人會做各式各樣的巧克力飲料：蜂蜜巧克力、紅巧克力（目的是要看起來像血！），還有叫做修柯拉圖（xocoatl）的苦巧克力飲料。修柯拉圖的製作過程加了辣椒，所以喝起來會辣。

修柯拉圖熱巧克力（Xocoatl）

食材：
牛奶或水950毫升
無糖墨西哥巧克力塊280克
肉桂棒1根
辣椒1根，撥開並去籽
香草精1茶匙

單柄鍋中用中火煮牛奶。拌入墨西哥巧克力，繼續用小火煮。放入肉桂棒和香草精後攪拌（如果想要加辣，也可以放入辣椒）。將肉桂棒取出，將巧克力牛奶攪拌至起泡沫。倒入杯中，放入肉桂棒後即可飲用。如果你想仿效阿茲特克人一樣的喝法，可以把飲料放到變溫再喝。冷天的時候，如果你想要讓身子暖起來，可以趁熱飲用。蒙特蘇馬皇帝會用純金的高腳杯喝這款飲料。但一般的馬克杯其實就可以了！

作者的話

研究古代人類吃些什麼並不容易！我要感謝許多專家的建議和慷慨協助，包括：駐上海的紐約大學教授衛周安（Joanna Waley-Cohen）；劍橋大學的凱特．史賓斯（Kate Spence）；阿肯色大學的彼得．盎格（Peter Ungar）；匹茲堡大學的哈利．克洛曼（Harry Kloman）；烏普薩拉大學的尼爾．布萊斯（Neil Price）；前美國太空總署食品科學家，現在則將重點放在研究未來食物的萊恩．道帝（Ryan Dowdy）。我也仰賴其他備受信賴的來源，像是博物館和學術文章、備受尊崇的出版物，如《國家地理》（National Geographic）和《暗箱地圖集》（Atlas Obscura）、國際忍者學會（International Ninja Research Center）一類的組織、非小說類書籍，還有全世界最早的一本烹飪食譜。其他資料來源還包括有趣的網站，像是由安德魯．柯萊提（Andrew Coletti）經營的Pass the Flamingo，他很慷慨地授權我們使用蜂蜜虎堅果蛋糕的食譜，也感謝賈桂琳．紐曼（Jacqueline Newman）創辦的《風味與運氣》（Flavor and Fortune）雜誌。由於很多時候幾乎沒有任何食譜保存下來（而且這本書中提到的很多時期都很久以前了，當時的人都過世了），我們只能試著正確拼湊出來過去那些人類到底吃了些什麼。所以，小朋友和大朋友們，請盡情閱讀這本書，同時對內容也請適時保留懷疑的態度。

關於作者

瑞秋．列文（Rachel Levin）著有《睜大眼睛仔細看：和其他遇到野生動物的存活之道》（Look Big: And Other Tips for Surviving Animal Encounters of All Kinds），她也是《吃點什麼》（Eat Something）和《一起下廚發洩》（Steamed）這兩本食譜書的共同作者。瑞秋還是一位記者、母親和吃貨，目前住在舊金山。更多有關她的資訊，請至：byrachellevin.com。

關於繪者

娜塔利亞．羅哈斯．卡斯卓（Natalia Rojas Castro）是來自哥倫比亞波哥大的插畫家。哥倫比亞的色彩及大自然，以及她居住的波哥大街頭風景都深深影響其作品。對她而言，食物很重要，尤其是「阿西亞科」（ajiaco）這道哥倫比亞湯品，在波哥大的冷天，喝下這道湯，身子都暖了起來，她最愛喝媽媽做的這道湯，媽媽也是她最愛的主廚。

關於譯者

張芷盈，政治大學新聞學系、臺灣師範大學翻譯研究所口譯組畢業。曾任記者、非政府組織工作人員、設計師。熱愛攝影、廚藝、插畫。譯作有《野地露營聖經》、《科學化跑步功率訓練》、《地球其實是昆蟲的》等。gina.cychang@gmail.com